EURUS

Sylvio Back

EURUS
bilingual edition

*Translation by
Thereza Christina Rocque da Motta*

Ibis Libris
Rio de Janeiro

Copyright © 2006 *Sylvio Back*

Publisher / Editora:
Thereza Christina Rocque da Motta

Eletronic design and cover / Editoração eletrônica e capa:
Augusto Cesar Santos da Costa Barros

Capa / Cover:
Reprodução do quadro de V*aldir Rocha* (*Paisagem,* nanquim sobre papel, 35x19cm in *O desenho de Valdir Rocha*, de Péricles Prade, Escrituras, 2004).
Reproduction of painting by *Valdir Rocha* (*Landscape,* nankin on paper, 35x19cm in *Drawings by Valdir Rocha*, by Péricles Prade, Escrituras, 2004).

1st edition in March, 2006.
1ª edição em março de 2006.

ISBN: 85-89126-74-9

Printed in Brazil.
Impresso no Brasil.
2006

All rights reserved.
Direitos reservados.

Ibis Libris
Rua Aprazível, 74/201
20241-270 Rio de Janeiro, RJ
Brazil

Tel. 55 21 2252-0272
Fax. 55 21 2232-8677

ibislibris@uol.com.br
www.ibislibris.com.br

sumário / contents

ícone ínfimo, 6
lesser icon, 7

os eugênios da paisagem, 8
eugenes of landscape, 9

fóssil d'alma, 10
soul fossil, 11

crípticos, 12
cryptic, 13

todavia, 14
nevertheless, 15

rio-tempo, 16
river-time, 17

silenciário, 18
silencer, 19

alvíssaras, 20
welcome, 21

para algum futuro, 22
for some future, 23

curare, 24/25

velhera, 26
oldie   27

movie-junkie, 28 / 29

pai e Zweig, 30
father and Zweig, 31

eurus, 32 / 33

halos (inédito/unreleased), 34 / 35

ícone ínfimo

só dorso de luz
nada que atordoe
o fio do fundo
nada que turve
a aura mínima

só pura abulia
nada que perturbe
o eco do fugaz
nada que urgente
o átimo imerso

só vôo mortiço
nada que perfure
a nódoa cerúlea
nada que arruine
o ícone ínfimo

lesser icon

just a back of light
nothing to torment
the bottom line
nothing to blur
the minimum aura

just the purest torpor
nothing to disturb
the ephemeral echo
nothing to urge
the immersed instant

just the dimming flight
nothing to pierce
the cereous node
nothing to ruin
the lesser icon

os eugênios da paisagem

são cinqüenta
séculos (ternos)
são você a vida
exposta a resposta
de bosta e meias-
verdades cáusticas
são os eugênios in-
gênuos a ver navios
e derramar guaraná
com soda na memória
é o rabo da tainha
na bicicleta alemã
zunindo adeuses e
beijos escandidos
da corada mãe-ímã
moldura carunchada
espectral gigante
de pira olímpica

uma porção se vingou
a outra virou poção
de estupor dormente

para minha mãe Else

eugenes of landscape

fifty
(gentle) centuries
you are the life
exposed answer
of shit and half-
caustic truths
they're the lost in-
genuous eugenes
and spilling soft drink
& soda on the memory
it's the mullet's tail
on the German bike
whistling goodbyes and
languid kisses
of the rosy-cheeked
magnet-mother
swollen frame
spectral giant
of an Olympic flame

a portion revenged
the other became a potion
of slumbering stupor

for my mother Else

fóssil d'alma

um susto silente
ofertório de *besos*

quem é o ciclone
do olhar maralto

transido oriente
desaba *con gusto*

o que é o azougue
do olho mareado

recuerdos sueltos
atam o que ficara

soul fossil

a silent awe
a *besos* offertory

who is the cyclone
of the open sea sight

transude Orient
falling *con gusto*

what is the mercury
of the seasick eye

recuerdos sueltos
tie the remainder

crípticos

feito um frio suicida
deixe sempre tudo atado

feito um pensamento fugidio
deixe sempre tudo a tento

feito um rio a montante
deixe sempre tudo de início

feito um mau pressentimento
deixe sempre tudo no ponto

feito uma saudade à-toa
deixe sempre tudo à vontade

feito uma treslouca aposta
deixe tudo sem resposta

cryptic

as a cold suicidal
leave everything tied

as a fleeting thought
leave everything tidy

as a mounting river
leave everything on sight

as a bad presentiment
leave everything right

as a vain longing
leave everything light

as an insane bet
leave all unsaid

todavia

uma sombra assenta
liquefaz o que estava
imperceptivelmente
borra o que perdura
agora sim o homem
é o seu perfeito sósia

nevertheless

a shadow lingers
liquefies what was
imperceptibly
blots the lasting
now yes the man
is his perfect alike

rio-tempo

rio-tempo de cujos gritos
lavra a surdez das gavetas

temporal de vis vislumbres
consome-se em *rutas* rotas

gestos-lesma ecos concisos
embotam a desvida intuída

gazua gaze unha-se úmida
sob equimoses do estorno

sorrateira é a usina desse
que ver de enésima messe

river-time

river-time whose cries
carve the drawers' deafness

storm of evil sights
consumed in rotten roads

snail-gestures concise echoes
dull the intuitive unlife

screw gauze claws humid
under bruises of no's

unseen the one who
follows the nth plough

silenciário

silêncio
canivete
suíço

silêncio
garrote
vil

silêncio
hara-kiri
zen

silêncio
cárcere
privado

silêncio
bala
dundum

silêncio
bolo
fecal

silêncio
praga
vodu

amor
silêncio
fake

silencer

silence
Swiss
penknife

silence
vile
garrote

silence
Zen
hara-kiri

silence
private
seclusion

silence
dumdum
bullet

silence
fecal
matter

silence
voodoo
curse

love
fake
silence

alvíssaras

neste colo
pousa o poema
que nos fecundou

welcome

on this bosom
pauses the poem
that conceived us

para algum futuro

para algum futuro
todas as braçadas
ouro de quimera

para algum futuro
cárcere da vileza
penúltima certeza

para algum futuro
desfrute a prumo
remos a contrapelo

para algum futuro
pútridos humores
se créditos tiver

para algum futuro
exorcize convícios

for some future

for some future
all strokes
fool's gold

for some future
vileness prison
penultimate certainty

for some future
enjoy it plumb
rowing upstream

for some future
putrid humors
if credit is due

for some future
expel offenses

curare

de cor o pulso
estardalhaça
veios fórmicos

túnel da alma
a mão do *boxer*
vasculha boba

carcaça tímida
gemido vizinho
de ais falhantes

maré de gosma
rosa-*pinkpink*
lágrima fálica

um arroto seminal
escapole chocho
cicatriz de oxigênio

curare

by heart the
pulse bustles
formic veins

soul tunnel
the boxer's hand
loosely sweeps

timid carcass
neighboring cry
of wavering ohs

spittle tide
pinky pinkpink
phallic tear

a seminal burp
feebly escapes
oxygen scar

velhera

tempo lavradio
à-toa

totêmico tempo
a toda

cavalariço do soçobro
à coda

entes da simetria perfeita

oldie

time cast
at random

totem time
in a rush

slumber rider
at a coda

beings in perfect symmetry

movie-junkie

sou um reles
traficante de
fotogramas

antes fazendo fita
do que viver sem
Viveca Lindfors

movies não
há mais timing
livre-se deles

do *cowboy* que fui
restam furtivas
infância e infâmia

a bala na lua
Méliès de olho
a dor irisada

queimei o filme
queimei o poema
queimei se amei

movie-junkie

i am a mere
photogram
dealer

better making pics
than living without
Viveca Lindfors

movies there's
no more timing
get rid of them

of the cowboy i've been
just furtive childhood
and infamy remain

a bullet in the moon
Méliès spies
the iris pain

burnt film
burnt poem
burnt if loved

pai e Zweig

despedir-se sem ida
pelo prazer ao ápice
imolar-se com o que

ver-se na única vez
vis-à-vis do vácuo
guardar-se até o que

reter-se a respiração
à forra da néscia via
imortalizar-se o que

aos pósteros haver-se
para o que der e vier

father and Zweig

farewell without leaving
for the apex pleasure
sacrificing oneself with

just one last look
vis-à-vis into the void
defending oneself in

to hold one's breath
against the stupid via
immortalizing oneself with

hail the newcomers
for all and everything

eurus

sopre este poema
da página enxote
pro nume que dá
a lume sopre aqu
eloutro suma com
todos e deixe o tí
tulo sumo do que
um dia ex-íncubo
do verbo fora po
esia viés que ag
ora seria não és

eurus

blow this poem k
ick it out of page
for fierce it takes
in fiery blow that
another get rid of
them all leave the
title juice of what
1 day ex-incubus
of verb was poet
ry a speck that n
ow could be isn't

halos

carne ei-la arqui liqüescente
gesto ígneo a contrapelo

tudo só superfície do corpo
o insuficiente o infindável

à espreita silhueta derruída
demos gozosos imersão

símile de entreatos amaros
algo imemorial deve ficar

até o desejo azado é adiado
pouco ou nada tende a vir

por onde escorrer silêncio
trevas ardosas se aviam

o que já foi inteiro vez a vez
não estilhaça assim de vez

halos

flesh arch liquefying
igneous counter gesture

only surfacing the skin
the insufficient the interminable

prying a sunk silhouette
lusty demons immersion

simile of bitter interacts
something immemorial lingering on

the proper desire is postponed
little or nothing should come

where silence coils
a burning darkness falls

what was once wholesome
cannot be shattered at once

Poemário de Sylvio Back

O caderno erótico de Sylvio Back (Tipografia do Fundo de Ouro Preto, Minas Gerais, 1986)
Moedas de luz (Max Limonad, São Paulo, 1988)
A vinha do desejo (Geração Editorial, São Paulo, 1994)
Yndio do Brasil – Poemas de Filme (Nonada, Minas Gerais, 1995)
boudoir (Sette Letras, Rio de Janeiro, 1999)
Eurus (7Letras, Rio de Janeiro, 2004)
Traduzir é poetar às avessas – Langston Hughes por Sylvio Back (Memorial da América Latina, São Paulo, 2005)

Sylvio Back's poetry books

O caderno erótico de Sylvio Back (*Sylvio Back's erotic journals*), Tipografia do Fundo de Ouro Preto, Minas Gerais, 1986

Moedas de luz (*Light coins*), Max Limonad, São Paulo, 1988

A vinha do desejo (*Vineyards of desire*), Geração Editorial, São Paulo, 1994

Yndio do Brasil – Poemas de filme (*Yndio of Brasil – Film poems*), Nonada, Minas Gerais, 1995

boudoir, Sette Letras, Rio de Janeiro, 1999

Eurus, 7Letras, Rio de Janeiro, 2004

Traduzir é poetar às avessas – Langston Hughes por Sylvio Back (*Translating poetry is writing on reverse – Langston Hughes translated),* Memorial da América Latina, São Paulo, 2005

Livros de Thereza Christina Rocque da Motta

Relógio de sol (Poeco, 1980)
Papel arroz (Poeco, 1981)
Joio & trigo (Poeco, 1982, 1983, Ibis Libris, 2005)
Areal (Dolphin/Geração Editorial, 1995)
Sabbath (Blocos, 1998)
Alba (Ibis Libris, 2001)
Chiaroscuro – Poems in the dark (Ibis Libris, 2002)
Lilacs/Lilases, edição bilíngüe (Ibis Libris, 2003)
Rios (Ibis Libris, 2003)

Books by Thereza Christina Rocque da Motta

Relógio de sol (Sun dial, Poeco, 1980)
Papel arroz (Rice paper, Poeco, 1981)
Joio & trigo (Tares & Wheat, Poeco, 1982, 1983, Ibis Libris, 2005)
Areal (Sands, Dolphin/Geração Editorial, 1995)
Sabbath (Blocos, 1998)
Alba (Dawn, Ibis Libris, 2001)
Chiaroscuro – Poems in the dark (Ibis Libris, 2002)
Lilacs/Lilases, bilingual edition (Ibis Libris, 2003)
Rios (Ibis Libris, 2003)

This book was printed in Rio de Janeiro, Brazil,
on spring equinoce, on March, 21, 2006,
specially for Ibis Libris,
in a bilingual English and
Portuguese edition, by Sir Speedy.
Printed on Polen Bold 90g and bound in
Super 6 Quartz Bulky 250g carton.
Edition of 150 copies.

Acabou-se de imprimir
na cidade do Rio de Janeiro, Brasil,
no equinócio de outono,
aos 21 de março de 2006,
especialmente para a Ibis Libris,
em edição bilíngüe,
em inglês e português,
pela Sir Speedy.
O papel do miolo é Pólen Bold 90gr.
A capa, Cartão Super 6 Quartz Bulky 250g
Edição de 150 exemplares.